Énigmes à Versailles

Énigmes imaginées par Annie Pietri, d'après son roman
Les Orangers de Versailles (Bayard Éditions).

18, rue Barbès, 92120 Montrouge.
Isbn : 978 2 7470 5916 9

Dépôt légal : avril 2016

Loi n°49-956 du 16 juillet 1949 sur les publications destinées à la jeunesse.

Imprimé en Slovénie.

Annie Pietri • Emmanuel Cerisier

Énigmes à Versailles

bayard jeunesse

Juin 1674… Tu es Marion, la fille d'Antoine, un jardinier qui travaille à l'Orangerie du château de Versailles.

Tu viens d'entrer au service de la sublime Athénaïs, marquise de Montespan. Elle est la favorite de Louis XIV depuis plusieurs années, et lui a déjà donné quatre enfants.

Tu possèdes un don, Marion ! Tu es un « nez » !

Cela signifie que tu es capable de reconnaître, et de garder en mémoire, toutes les odeurs, bonnes ou mauvaises. Tu peux également associer les senteurs pour composer de merveilleux parfums. C'est cette faculté rare que la belle marquise veut exploiter…

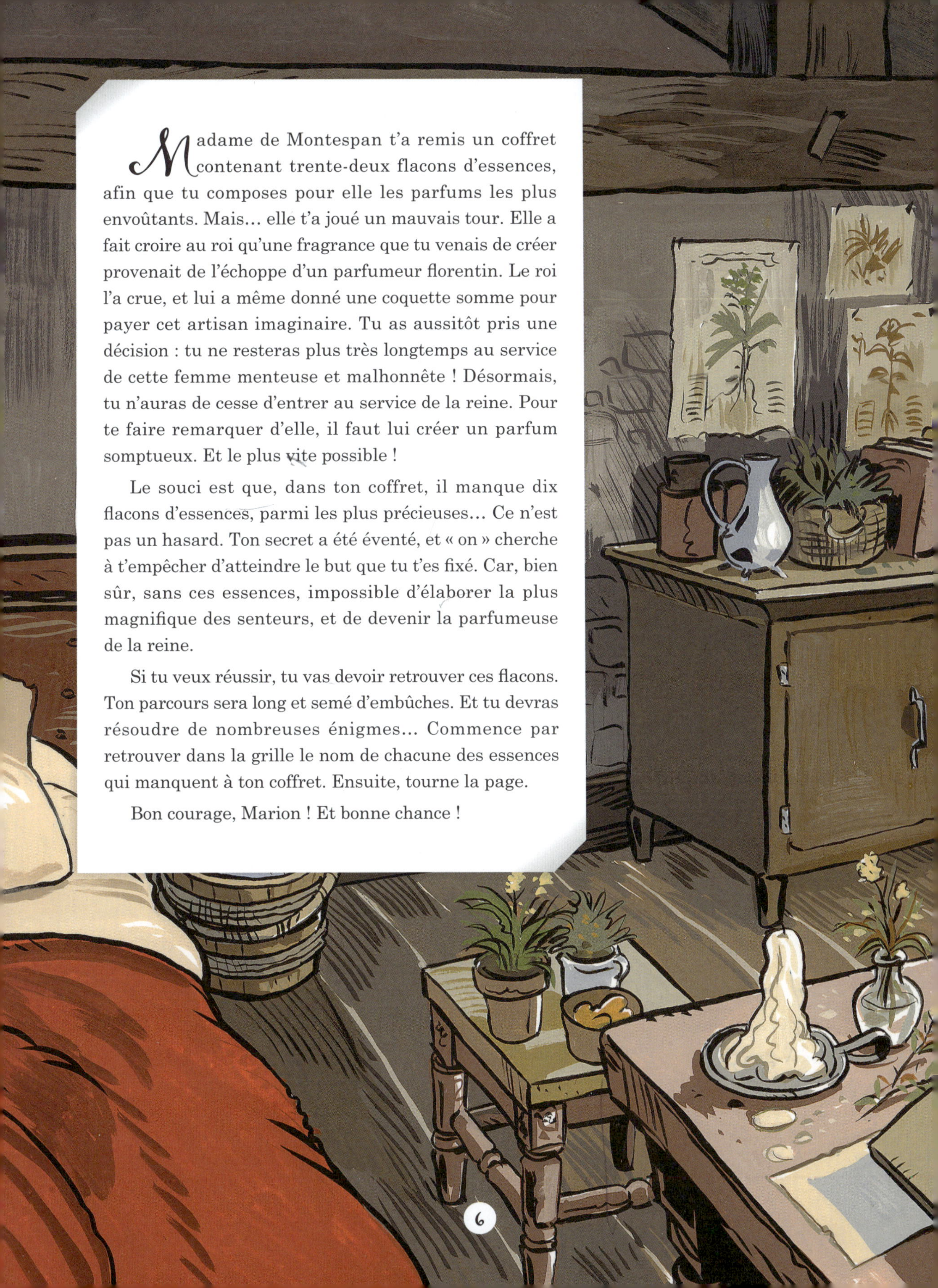

Madame de Montespan t'a remis un coffret contenant trente-deux flacons d'essences, afin que tu composes pour elle les parfums les plus envoûtants. Mais… elle t'a joué un mauvais tour. Elle a fait croire au roi qu'une fragrance que tu venais de créer provenait de l'échoppe d'un parfumeur florentin. Le roi l'a crue, et lui a même donné une coquette somme pour payer cet artisan imaginaire. Tu as aussitôt pris une décision : tu ne resteras plus très longtemps au service de cette femme menteuse et malhonnête ! Désormais, tu n'auras de cesse d'entrer au service de la reine. Pour te faire remarquer d'elle, il faut lui créer un parfum somptueux. Et le plus vite possible !

Le souci est que, dans ton coffret, il manque dix flacons d'essences, parmi les plus précieuses… Ce n'est pas un hasard. Ton secret a été éventé, et « on » cherche à t'empêcher d'atteindre le but que tu t'es fixé. Car, bien sûr, sans ces essences, impossible d'élaborer la plus magnifique des senteurs, et de devenir la parfumeuse de la reine.

Si tu veux réussir, tu vas devoir retrouver ces flacons. Ton parcours sera long et semé d'embûches. Et tu devras résoudre de nombreuses énigmes… Commence par retrouver dans la grille le nom de chacune des essences qui manquent à ton coffret. Ensuite, tourne la page.

Bon courage, Marion ! Et bonne chance !

R S T X M N C i T R O N
O C B A i D V F U G N R
M M C H M J E K T S X C
A A K C O R O V D C F A
R N J L S B J A S M i N
i D O R A N G E R N G N
N V G Q M C R P O L B E
T A A W H J F N S S H L
i K L A V A N D E K D L
R S B H P R T V Q C M E
i Y D F V A N i L L E R
S T C M L G S N J P V B

Un violent orage vient d'éclater sur Versailles. Le tonnerre gronde, et les éclairs déchirent le ciel.

La marquise de Montespan a terriblement peur des orages. Dans ces moments-là, elle veut toute sa Maison autour d'elle : demoiselles de compagnie, femmes de chambre, servantes. Bien sûr, tu es là aussi, Marion.

Tu n'es pas entrée souvent dans le grand salon de la favorite. Tu découvres qu'elle met tout en œuvre pour que chacun soit au courant de la place qu'elle occupe dans le cœur du roi.

Observe le bijou qu'elle porte au bord de son décolleté, du côté du cœur. Si tu le reconnais, tu le retrouveras à six reprises sur elle-même ou dans le décor qui l'entoure.

Électrisé par l'orage, Pyrrhos, le chien préféré de la marquise, a mordu Lucie, la jeune servante qui partage ta chambre. Repère où le chien est ensuite allé se cacher, et ne t'approche surtout pas de lui.

Ensuite, accompagne Lucie jusqu'à votre chambre pour la soigner, page 38.

À l'Orangerie, le bureau de M. Le Nôtre, le jardinier du roi, regorge de pots dans lesquels il cultive des plantes exotiques rares ou odoriférantes. Il souhaite les adapter au climat de Versailles, et les faire se multiplier. Tu connais ces plantes. Ton père, jardinier lui aussi, t'a enseigné la manière de les distinguer.

Trouve celle qui n'a pas son double, et possède une fleur blanche.

Avant de quitter l'Orangerie, tu ne peux t'empêcher de jeter un regard aux plans que M. Le Nôtre a laissés sur son bureau. Il travaille, en ce moment, sur l'harmonie florale d'un parterre. Mais il n'a pas fini de disposer les fleurs. Regarde les couleurs qui les représentent, et amuse-toi à compléter le parterre.

Soudain, tu entends de la musique. Elle vient de la page 42. Vas-y ! Si tu préfères rendre visite à ton père, file à la page 14. Si tu t'inquiètes pour Lucie, tu as la possibilité d'aller voir M. d'Aquin, le médecin de Louis XIV. Tu supposes qu'il pourra te donner des conseils pour soigner ton amie. Dans ce cas, cours le retrouver page 48.

orange

Les cuisines du château sont immenses. Tant de monde y travaille, l'agitation est si grande, qu'elles prennent souvent une allure de fourmilière ! La chaleur qui se dégage des cheminées est insupportable. Alors, dépêche-toi de regarder si par hasard un de tes flacons n'aurait pas atterri ici... Et profites-en pour repérer les ustensiles qui n'ont pas leur place dans une cuisine de cette époque.

Deux tout petits orangers ont été préparés pour décorer la table du roi, lors du banquet qui aura lieu ce soir au château. Emporte-les page 40.

Ton père est si heureux de te revoir qu'il te prend dans ses bras, te soulève de terre, et te fait tournoyer !

Tu lui racontes ce qui vient d'arriver à Lucie. Tu évoques également les parfums que tu as créés pour la Montespan. Mais, pour ne pas l'inquiéter, tu ne lui dis rien de ta décision de quitter le service de la marquise.

Après avoir dîné, tu fouilles dans l'armoire qui recèle ton trésor : des bouquets de fleurs séchées. Tu dois choisir ce qui pourrait convenir à Lucie, et endormir la douleur de sa morsure. À ton avis, quelle plante a un pouvoir calmant ? Regarde bien, il y a un indice qui ne trompe pas…

Depuis quelques années, tu as pris l'habitude de confier tes secrets, tes joies et tes chagrins, à la terre de Versailles. Cette fois, tu veux lui dire le but que tu t'es fixé. Et tu décides de le faire sous la forme d'un jeu ! Pour cela il te faut une petite bouteille. Cherche-la ! Tu y glisseras ton billet, avant d'aller l'enterrer au pied d'un grand chêne, à la page dont le numéro correspond au nombre de voyelles manquantes dans ton message.

Tu as déchiré ta robe en passant trop près d'un buisson d'épineux, voilà pourquoi il te fallait passer par la lingerie.

Il y a beaucoup d'agitation car, demain soir, au château, il y aura bal costumé ! Pour l'occasion, la marquise s'est fait confectionner trois déguisements. Le temps que les lingères trouvent une autre tenue à ta taille, amuse-toi à reconnaître les corsets qui correspondent aux jupes, ainsi que le masque et les souliers qui compléteront chaque costume.

Et maintenant, où vas-tu ? Tu as à peine le temps d'y réfléchir qu'une jeune servante te tend un message. Elle ne sait pas écrire, alors elle a dessiné. En le déchiffrant, tu découvriras où elle te conseille d'aller. Si tu ne l'écoutes pas, et choisis de passer par l'appartement des Bains, va page 34.

3-OS
S+E
2
30

Le lieu que tu viens de visiter ne recelait aucun de tes flacons perdus. Tu auras peut-être plus de chance ici… Regarde bien partout ! Profites-en pour repérer les fleurs blanches dans les magnifiques bouquets qui décorent ce salon. Elles sont au nombre de quinze. Leurs pétales te serviront à fabriquer un élixir. Il protégera ton nez des mauvaises odeurs qui envahissent le château. Quand tu auras trouvé toutes les fleurs, retourne à l'office pour les faire macérer dans des linges imbibés d'huile. Ensuite tu devras patienter.

Tu as le temps d'aller au Trianon de porcelaine, page 32, ou bien à la page 36.

Tes recherches ont duré longtemps, et tu n'as guère dormi pendant tout ce temps. Tu es épuisée et la reine l'a deviné. Elle te conduit à ta chambre située juste au-dessus de la sienne.

Avant de te laisser sommeiller, elle te tend un écrin.

Encore un cadeau ?

Eh oui ! La reine est généreuse, et elle t'a aimée dès l'instant où elle t'a aperçue. Aussi souhaite-t-elle t'offrir un présent plus personnel, plus discret que le Cabinet des parfums. Quelque chose qui soit à la fois précieux et délicat : une médaille !

Tu le sais déjà, cette médaille ne te quittera jamais !

Tu es si heureuse que tu sauterais volontiers au cou de la reine. Mais… cela ne se fait pas. Alors tu te contentes d'une jolie révérence.

Va dormir, maintenant. Sois sereine, et fais de jolis rêves. Tu as triomphé, et une nouvelle vie t'attend !

Tu as enfin retrouvé tous tes flacons d'essences ! La reine a été subjuguée par le parfum que tu as composé pour elle. Toi-même tu en es fière car il est bien plus subtil et envoûtant que tout ce que tu as pu créer auparavant.

Quelle émotion quand le roi t'annonce qu'en remerciement il va te faire un somptueux cadeau ! Il a décidé de t'offrir un petit pavillon nommé « Cabinet des parfums ». C'est là qu'un de ses jardiniers cultive toutes sortes de plantes odoriférantes qui te seront très utiles. Désormais, le Cabinet des parfums sera ton laboratoire ! Tu seras libre de venir y travailler aussi souvent que tu le souhaites.

Mais, pour être un grand roi, Louis XIV n'en est pas moins joueur, à ses heures ! Il te demande de trouver, parmi les jardiniers présents, celui qui détient la clef dorée du Cabinet des parfums. Pour cela, il te donne des indices sous la forme de cinq portraits.

Dans chacun d'eux, il y a un détail qui correspond à la description du jardinier. Et ce détail n'est cité qu'une seule fois en tout. Fais bien attention... Pas question de se tromper devant le roi !

L'homme est-il...

1- de taille moyenne; âgé; chauve; avec une chemise bleue?

2- jeune; petit; brun; avec une chemise jaune?

3- roux; jeune; petit; avec un chapeau; avec une chemise bleue?

4- de taille moyenne; chauve; jeune; avec une chemise blanche?

5- roux; grand; jeune; avec une chemise jaune?

Dès que tu l'auras repéré, le jardinier te remettra la clef qui ouvre la porte de ton nouveau domaine.

Pour retourner au château, le roi et la reine t'invitent à faire le voyage à bord de leur gondole qui attend sur le Grand Canal. Monte à bord, page 44.

La Galerie basse qu'il te faut traverser est un lieu de passage sombre et pas toujours bien fréquenté. Relève les cinq indices indiquant que tu dois être prudente et ne pas traîner par ici… De plus, tu n'as pas le temps de t'attarder si tu veux retrouver tes flacons. Mais tu hésites… Où te diriger ? Vers l'appartement des Bains, page 18 ? Ou vers les cuisines du château, au Grand Commun, page 12 ?

Tu as marché longtemps pour atteindre un endroit du parc trop éloigné du château pour que les courtisans viennent s'y promener.

C'est là que l'on trouve les chênes les plus hauts, ceux au pied desquels tu aimes enterrer les bouteilles qui contiennent tes secrets. Le lieu est désert. On n'entend que le bruit du vent dans le feuillage, et le chant des oiseaux. Les vois-tu, ces oiseaux ? Compte-les. Leur nombre t'indiquera le numéro de la page que tu peux rejoindre.

Mais soudain, au loin, tu entends une mélodie. Si tu décides de te laisser guider par la musique, pour aller voir d'où elle vient, dépêche-toi d'enterrer ta bouteille à l'aide d'un outil qui te sera bien utile, et cours page 42.

Avant le banquet, une pièce de théâtre sera jouée dans la cour de Marbre. Les décorateurs ont presque fini d'installer les tentures, meubles et statues qui orneront la scène. Les candélabres qui éclaireront les comédiens sont également en place. Mais il manque douze bougies... Aide les ouvriers à les repérer. Ils vont également avoir besoin de toi pour démêler des cordes. Une seule va leur permettre de hisser sur la façade un masque gigantesque, point final de la décoration. Laquelle ?

Dès que tu auras terminé, rends-toi à la page 52. Le roi et la reine t'attendent !

Le Trianon de porcelaine est un petit palais tout recouvert de carreaux de faïence qui lui donnent des allures de vase de Chine.

Tu es émerveillée de découvrir cette féérie en bleu et blanc. L'intérieur est si luxueux qu'il dépasse tout ce que tu as vu au château, y compris dans les appartements du roi.

Regarde bien... peut-être trouveras-tu ici un de tes flacons. Ensuite, essaye de trouver ton chemin dans le dédale des petits salons et des couloirs. Tu hésites tout particulièrement devant ces deux portes. Alors, regarde les carreaux de faïence qui forment une ligne sur le sol. Sur la porte que tu dois ouvrir pour continuer tes recherches, figure le symbole qui fait logiquement suite à la ligne de carreaux. Si tu vas à gauche, cours page 38. Si tu vas à droite, avance jusqu'à la page 50.

Le message dont tu viens de prendre connaissance t'inquiète au plus haut point ! Tu veux en parler au roi, et tu le rejoins au Trianon de porcelaine, où il passe l'après-midi avec la reine et quelques courtisans. La reine a entraîné tout le monde aux cuisines du Trianon. Elle adore boire du chocolat, et aimerait assister à la préparation. Seulement, elle ne voit pas bien clair, et elle te demande de l'aider à trouver les ingrédients qui entrent dans la composition de sa boisson favorite. Ils sont au nombre de sept. Les vois-tu ? N'oublie pas la poudre d'amande et celle de noisette qu'il faudra aussi ajouter au mélange.

De son côté, le roi t'est reconnaissant de lui avoir apporté le message. Il t'assure qu'il fera emprisonner cette sorcière qui fabrique du poison. Puis, il te demande de l'accompagner page 22. Mais si tu n'as pas encore réuni toutes tes essences, il vaudrait mieux, pour l'instant, décliner son invitation et retourner page 38. Tu pourras ainsi poursuivre tes recherches en passant par un autre chemin.

Tu viens d'arriver à l'office de l'appartement des Bains. C'est dans cette pièce que sont réchauffés les plats qui arrivent des cuisines, pour les repas du roi et de ses invités. Ton regard est attiré par un meuble. Et si tes flacons y étaient cachés ? Mais hélas, la porte est fermée. Comment reconnaître la clé qui pourra l'ouvrir ? Les domestiques qui travaillent ici savent laquelle il faut choisir. Pourtant, ils n'ont pas l'intention de t'aider. Seule une jeune servante accepte de te prêter main forte, tout en te mettant à l'épreuve. Elle te tend une petite feuille. Tu comprends aussitôt que le chiffre manquant est le numéro de la bonne clef...

Une fois la porte du buffet ouverte, va dans les salons de ce magnifique appartement, page 18. C'est là que tu trouveras le moyen de réaliser un projet qui te tient à cœur.

1
2
3
4
5
6
7
8
9
10

C'est un grand honneur que d'être invité à la table du roi !

Tu t'interroges... À quoi va ressembler le menu ? Un valet accepte de te renseigner, mais il a une notion bien à lui de la gastronomie. Si tu veux vraiment savoir quels plats seront servis lors du banquet, il te faut traduire ce que l'homme vient de t'énoncer :

~du sent-bon de Bayonne~

~un saumon futé~

~de la craie au beurre noir~

~des bœufs brouillés et des yeux pochés~

~un boulet rôti~

~un chicot de mouton~

~des gommes de terre à l'ail~

~une tonne de chèvre~

~une tarte aux brunes~

~des bêches au sirop~

~de la marmelade de bruits des bois~

~de la glace à la braise~

Si tu es en possession de tous tes flacons d'essences, traverse les jardins pour aller page 22. Sinon, retourne page 38 pour prendre des nouvelles de Lucie. Tu en profiteras pour continuer à chercher les essences qui te manquent, en empruntant un autre chemin.

Les mâchoires de Pyrrhos sont petites mais puissantes, et ses crocs longs et pointus. Il a mordu Lucie de toutes ses forces. Les plaies sont profondes, et saignent abondamment.

Tu as aidé ton amie à s'allonger. Maintenant, trouve de l'esprit-de-vin pour désinfecter le mollet blessé de Lucie. Cherche également de quoi fabriquer un bandage.

Ensuite, que choisis-tu ?

Tu vas rendre visite à ton père, page 14. Ou bien, tu passes à l'Orangerie du château, page 10.

Tu déposes les petits orangers dans un minuscule salon attenant à la salle du banquet. Au moment du dessert, un valet viendra les chercher pour les placer sur la table du roi. Les pâtissiers ont fait des prouesses ! Le feuillage des arbustes est parsemé de friandises : des pâtes d'amande, des chocolats, des boules de pain d'épice, des caramels, des cerises confites, et plein d'autres délices. Tout cela sent très bon, et flatte ton nez de parfumeuse, si sensible aux odeurs quelles qu'elles soient. Et justement, quelque chose t'intrigue... Certains bonbons ne dégagent rien d'autre qu'un parfum âcre qui te fait frémir. Tu supposes qu'ils sont empoisonnés... Et il n'y a pas que cette senteur étrange qui t'interpelle. Un petit signe montre que ces friandises contiennent du poison. Elles sont cinq... Repère-les ! Et cours prévenir le roi, page 52.

Mais, dans la cour de Marbre, on installe le décor pour une pièce de théâtre. Si tu veux voir ce qui se prépare, va page 28.

La musique que tu entendais de loin provenait des bords du Grand Canal. Les violons du roi ont égayé la promenade de Louis XIV et de sa suite. Bien sûr, la reine est là. La Montespan aussi... Elles ont emmené avec elles leurs petits chiens. Regarde bien. Combien en comptes-tu ? Peux-tu dire lesquels appartiennent à la reine, et lesquels ont la marquise pour maîtresse ?

Mais il y a autre chose qui attire ton regard. Ce sont les grandes tables sur lesquelles des montagnes de délices sont proposées aux invités. Et il y a de quoi être surpris ! Les cuisiniers ont apparemment perdu la raison. Il y a des mets que tu n'as encore jamais vus, et qui ne semblent pas appartenir à ton époque. Lesquels ?

Ensuite, si tu souhaites retourner au château en passant par la Galerie basse, entre page 24.

Si tu vas directement à l'appartement des Bains, dirige-toi vers la page 18.

Louis XIV et la reine Marie-Thérèse sont assis en face de toi, à bord de la gondole qui glisse sur le Grand Canal. Tu es très intimidée. Le souverain le remarque. Pour détendre l'atmosphère, il te propose un jeu. Mais pas n'importe lequel, car la réponse te délivrera un message. Eh oui ! Tu vas encore devoir réfléchir !

– Marion, dit le roi, à partir de maintenant, tu es…

Mon premier se situe juste au-dessus du sol
Mon deuxième entame le parmesan
Mon troisième est un tonneau
Mon quatrième, nous dit la vache
Mon cinquième sonne
comme le vol du moustique
Mon sixième n'est ni un ni trois
Mon septième est la tête de lapin
Mon huitième est un poisson plat
avec des ailes
Mon neuvième est le début et la fin du non
Mon tout comble tes espoirs

Dès que la gondole aura accosté, la reine t'emmènera page 20.

Deux ! Il y avait deux flacons dans le grand salon du château de Clagny, la résidence personnelle et très privée de la Montespan ! Tu en déduis que c'est elle qui cherche à t'empêcher de composer un parfum pour la reine.

Arrivée devant la porte de la chambre de la marquise, tu as entendu parler… Une femme était avec elle. Une femme que tu as déjà croisée à Versailles, dans les appartements de la favorite. Une astrologue, paraît-il. Mais toi, tu as compris qu'il s'agit d'une sorcière, et tu t'en méfies. Alors, tu t'es cachée en attendant qu'elle s'éloigne.

En quittant la marquise, la sorcière a trébuché en se prenant les pieds dans le tapis, et quelque chose s'est échappé de sa poche… C'est une petite feuille pliée cinq fois sur elle-même, pour la réduire au minimum. Déchiffre le message qui y est inscrit, et compte le nombre de rectangles que le pliage a dessinés sur le papier. Tu auras ainsi le numéro de la page par laquelle tu dois poursuivre tes recherches.

L+E
-S
R'
-b G
Le poison est dans les oranger

Monsieur d'Aquin t'a écoutée, et il t'a donné un onguent à appliquer sur la morsure dont souffre Lucie.

Mais le médecin a d'autres préoccupations… Mme de Montespan a une indigestion ! À la Cour, tout le monde sait que la marquise mange énormément. Elle surpasse même le roi en gourmandise ! Cette fois, elle a eu un malaise, et d'Aquin a reçu l'ordre de concocter pour elle un remède. La mixture est prête, et il te charge de la lui apporter.

Comme toi, d'Aquin n'aime guère la favorite… Et, tout médecin qu'il est, il adore s'amuser. Alors, il te propose de résoudre une énigme. Un message codé ! Sauras-tu le déchiffrer ?

Si tu y parviens, en même temps que la composition du remède, tu découvriras quel surnom le médecin a donné à la favorite. Tu seras sûrement d'accord avec lui !

Le plus court chemin pour retourner chez la marquise passe par la page 24.

IL FAUT
A CETTE
VIPERE
UNE
INFUSION
DE MENTHE
ET DE
GENTIANE
A E I O U

Où qu'elle aille, Mme de Montespan se déplace toujours avec ses servantes et ses demoiselles de compagnie. Après la promenade dans les jardins du Trianon de porcelaine, elle a souhaité se rendre au château de Clagny. Cette demeure, tout exprès bâtie pour elle, est une splendeur. On dirait Versailles en plus petit !

Si jamais tu trouves un de tes flacons, ici, tu n'auras plus de doute quant à l'implication de la marquise dans le vol de tes essences.

Un tableau attire ton attention. Il représente les quatre enfants que la favorite a eus du roi. Un détail t'intrigue… il montre qu'un des enfants a déjà disparu. Quel est ce détail ? Et où l'as-tu déjà vu ? Cherche bien…

Mais tu entends des voix qui proviennent de la chambre d'Athénaïs, page 46.

Approche-toi discrètement…

Grâce à ton intervention, la reine Marie-Thérèse a été sauvée ! Eh oui ! Les friandises disposées dans le feuillage des petits orangers étaient empoisonnées.

Pour te remercier, le roi et la reine t'invitent à prendre part au banquet qui se tiendra dans quelques minutes, dans le salon voisin, page 36.

Avant de les suivre, observe les bijoux qu'ils arborent. Parfois, la reine aime à porter quelques joyaux identiques à ceux de son royal époux. Ce soir, ils sont au nombre de six. Les vois-tu ?

Solutions

Pages 6-7 : les noms des 10 essences manquantes sont : jasmin, citron, romarin, oranger, cannelle, lavande, iris, vanille, rose, mimosa.

Pages 10-11 : la fleur blanche qui n'a pas son double est celle placée sous la table, le plus à gauche. Les couleurs absentes du parterre sont (dans l'ordre en partant du haut, et en tournant dans le sens des aiguilles d'une montre) : rouge, bleu, violet, vert, bleu, jaune, orange, bleu.

Pages 12-13 : les ustensiles et appareils sont : une cafetière, un four micro-onde, un réfrigérateur-congélateur, une cocotte minute, un robot ménager.

Pages 14-15 : deux moches sont endormies à côté de la plante qui possède un pouvoir calmant. La bouteille est cachée dans l'armoire. Les voyelles sont au nombre de 26.

Pages 16-17 : le rébus dit : « file au Trianon de porcelaine ».

Pages 22-23 : le jardinier qui détient la clef dorée du Cabinet des parfums est âgé, grand, et il porte une chemise blanche. Il se trouve à droite de l'image.

Pages 24-25 : Les indices sont : un poignard, des taches de sang, du verre brisé, un pistolet, une bourse éventrée avec des pièces d'or.

Pages 26-27 : on compte 16 oiseaux. Une pelle est appuyée contre l'arbre à l'arrière-plan, à gauche de l'image.

Pages 32-33 : Les neuf ingrédients qui entrent dans la composition du chocolat sont : lait, crème, chocolat, vanille, cannelle, sucre (sous la forme d'un pain de sucre), miel, poudre d'amande, poudre de noisette.

Pages 34-35 : le total que l'on trouve en additionnant les chiffres de chaque triangle est 14. Sur le dernier triangle, il manque le chiffre 4. C'est donc la clef n° 4 qui ouvrira la porte du buffet.

Pages 38-39 : les linges étendus serviront de bandage si on les découpe en lanières.

Pages 42-43 : la reine et Mme de Montespan possèdent chacune neuf chiens. Les mets appartenant à une autre époque sont : (sur la table de gauche) une boîte de sardines, un hamburger; (sur la table de droite) une canette de soda, un sandwich baguette.

Pages 44-45 : la charade dit : Tu es... « la parfumeuse de la reine ».

Pages 46-47 : le rébus dit : « le poison est dans les orangers ». Il y a 32 rectangles dessinés sur la feuille, il faut donc aller à la page 32.

Pages 48-49 : Le message codé dit : « il faut à cette vipère une infusion de menthe et de gentiane ».

Pages 50-51 : L'enfant qui a disparu porte des ailes d'ange. On l'a déjà vu page 8-9, sur le tableau au mur du grand salon de l'appartement que la marquise occupe à Versailles.

Les dix flacons d'essences sont cachés dans les pages suivantes : 10, 12, 16, 20, 30, 38, 42, 48, 50 (x2).